Glaube oder Gewissheit

Wie Überzeugungen Ihr Leben bestimmen

© 2020 Thomas Herold

Glaube oder Gewissheit

Wie Überzeugungen Ihr Leben bestimmen

Revision 1.10

© 2020 Thomas Herold

thomasherold.com

Impressum

Umschlaggestaltung, Illustration: Thomas Herold
Lektorat: Klaus Schepers
Korrektorat: Susanne Wörz

Verlag: BoD – Books on Demand, Norderstedt
Druck und Bindung: BoD – Books on Demand, Norderstedt

ISBN Paperback: 9783752685800
ASIN e-Book: B08P3WJ7T6

Bibliografische Information der Deutschen Nationalbibliothek:
Die Deutsche Nationalbibliothek verzeichnet diese Publikation in der Deutschen Nationalbibliografie; detaillierte bibliografische Daten sind im Internet über http://dnb.d-nb.de abrufbar.

Inhalt

Über den Autor

Thomas Herold, Jahrgang 1963, lebte bis 1997 in Freiburg im Breisgau. Er studierte Elektrotechnik mit Schwerpunkt EDV, und gründete mit 21 seine erste Firma im Bereich Softwareentwicklung.

Seine Liebe galt allerdings schon in frühen Jahren der Metaphysik, und seine Reisen durch Indien prägten seinen weiteren Werdegang. Mit seiner nächsten Firma widmete er sich der Astrologie und erstellte eines der meist verkauften Programmpakete Astro Star im Europäischen Raum.

Danach hat er sich für 20 Jahre in den USA (Hawaii & Kalifornien) angesiedelt, und veröffentlichte über 35 Bücher für den Finanzmarkt. Durch die Finanzkrise in 2008 hat er tiefe Einblicke in das Finanzgeschehen erhalten, und seinen ersten Besteller 'Money Deception' geschrieben.

Es folgte ein Finanzlexikon Serie mit 16 Titeln, die über 1000 der wichtigsten Begriffe aus dem Finanzwesen ausführlich beschreiben. Sein zuletzt publiziertes Buch 'High Credit Score Secrets' zeigt die Strategien für das Erreichen einer optimalen Kreditwürdigkeit auf.

Seit 2016 ist er wieder in Freiburg in Breisgau und schreibt metaphysische Kurzgeschichten. „Einsteins wichtigste Erkenntnis" ist seine erste Kurzgeschichte aus der Welt der Metaphysik.

Thomas Herold ist nicht nur Autor, sondern auch begeisterter Tangotänzer. Er ist Mitglied im Citizen Circle, einer Community für ortsunabhängiges Arbeiten, kreative Selbstständigkeit und persönliche Weiterentwicklung.

Weitere Informationen zum Autor und seinen Büchern gibt es unter: thomasherold.com oder auf amazon.de.

„Es ist nicht der Kampf der Meinungen, welcher die Geschichte so gewalttätig gemacht hat, sondern der Kampf des Glaubens an die Meinungen, das heißt der Überzeugungen.“ - Friedrich Nietzsche

W as sagen Sie zu jemandem, den Sie wirklich von etwas überzeugen wollen? ‚Ich hab's mit eigenen Augen gesehen‘. Diese Aussage hinterlässt in den seltensten Fällen noch irgendwelche Zweifel beim Gegenüber. Die Äußerung wirkt überzeugend, denn die eigenen Sinneseindrücke gelten als besonders vertrauenswürdige Informationsquelle für die Ereignisse unserer Welt.

Das Auge ist unser wichtigster Sinn, ihm vertrauen wir mehr als sämtlichen anderen Wahrnehmungen wie hören, riechen, tasten oder schmecken. Es verwundert deshalb nicht, dass Fernsehen und Streaming-Plattformen wie Netflix und YouTube unsere größte Aufmerksamkeit bekommen. Die Deutschen verbringen pro Tag im Schnitt fast vier Stunden[1] vor der Flimmerkiste.

Erst danach folgt das Internet mit etwas über zwei Stunden, und das Radio mit 100 Minuten. Weit abgeschlagen folgen mittlerweile Bücher und Zeitschriften mit zusammen gerade mal 40 Minuten.

Als ich 1997 in die USA übersiedelte, wurde mir die Auswirkung der visuellen Stimulation durch das Fernsehen erst richtig bewusst. Bei den Amerikanern laufen mehrerer Flachbildschirme gleichzeitig von früh bis spät. Ich hatte einen Bekannten besucht und wir fingen an uns zu unterhalten.

Bereits nach fünf Minuten war ich irritiert und etwas nervös, weil der Fernseher im Hintergrund immer noch lief. Ständig zog es meine Aufmerksamkeit weg vom Gespräch in den Dialog der Nachrichtensendung vom TV. Wiederholt musste ich mit Willenskraft meine Aufmerksamkeit zurück zum Gespräch mit meinem Bekannten bringen. Fernsehen wirkt bereits nach wenigen Sekunden wie Hypnose auf uns.

Um ganz sicherzugehen, dass wir auch die ‚Wahrheit' erfahren, verbringen wir immer mehr Zeit mit visuellen Medien. Aber ist das, was wir dort zu sehen bekommen tatsächlich die Wahrheit, und entspricht es der Wirklichkeit? Viele Philosophen und Wissenschaftler stemmen sich vehement gegen die weitverbreitete Ansicht einer ob jektiven Wirklichkeit. Sie sind sogar der festen Überzeugung, dass die objektive Wirklichkeit nichts anderes ist als eine gigantische Illusion.

Wir alle kennen die Analogie von der rosaroten Brille. Hat sich unsere Wahrnehmung und damit auch unsere Aufmerksamkeit z. B. erst mal auf einen blauen Sportwagen fixiert, fällt uns nach einer Weile auf, wie viele es davon gibt. Willkommen im nebulösen Bereich der Meinungen, Ansichten, Überzeugungen und Glaubenssysteme, die unser Leben nicht nur beeinflussen, sondern sogar zu einem Großteil bestimmen.

Gibt es eine objektive Wirklichkeit?

Viele Menschen glauben, es gäbe absolute Fakten oder wissenswerte Wahrheiten, die unabhängig von der Subjektivität existieren. Wir stellen uns vor, dass es Dinge gibt, die wir wissen könnten, die auch dann noch wahr wären, wenn jeder Mensch plötzlich aus dem Universum verschwinden würde. Diesen Fakten stehen Meinungen oder Überzeugungen gegenüber, die von einer überprüfbaren objektiven Realität abgekoppelt sind.

In einem logischen, wissenschaftlichen Rahmen gibt es allerdings keine Fakten – es gibt nur gut belegte Theorien. Nichts in der Wissenschaft ist jemals bewiesen, weil die wissenschaftliche Methode durch Widerlegbarkeit[2] funktioniert.

Der Philosoph Karl Popper hat 1934 in seinem Werk ‚Die Logik der wissenschaftlichen Entdeckung‘ eine der Grundsätze für die wissenschaftliche Methode definiert. Sie besagt, dass jede wissenschaftliche Hypothese und das daraus resultierende Versuchsdesign von Natur aus widerlegbar sein muss. Obwohl die Widerlegbarkeit nicht allgemein anerkannt ist, bildet sie dennoch die Grundlage der meisten wissenschaftlichen Experimente.

Eine Theorie muss grundlegend und nach strengen Kriterien durch Beobachtung und Experiment überprüft werden. Wenn die Theorie der Überprüfung durch Experimente nicht standhält, muss sie verworfen und durch eine neue Hypothese ersetzt werden. Nur durch wiederholten Versuch und Irrtum, durch Vermutungen und Widerlegungen macht die Wissenschaft Fortschritte. Daher überleben nur die besten Theorien.

Deshalb kann man niemals mit Sicherheit von einer Theorie behaupten, dass sie wahr ist. Man hofft allerdings, dass sie die Beste ist, die im Moment zur Verfügung steht – also besser als alle vorangegangenen. Wissenschaft ist nicht wie Mathematik oder symbolische Logik, in der Aussagen definitiv wahr oder falsch sein können. Im Rahmen der wissenschaftlichen Theorie ist eine Tatsache einfach etwas, das wiederholt bewiesen wurde und noch nicht widerlegt worden ist. Keine Theorie ist daher völlig richtig.

Wenn Sie also in den Medien von Fakten hören, dann wissen Sie jetzt, dass es nur Theorien sind. Einige dieser Theorien sind besser als andere, aber keine davon ist wirklich wahr.

Auch die Quantenmechanik kennt keine objektiven Fakten

Die Wissenschaft schafft sogenannte ‚Fakten' durch wiederholte Beobachtung. Alle Messungen müssen dazu objektiv sein. Es sollte also keinen Unterschied machen, wer eine wissenschaftliche Beobachtung macht. Dass dies nicht stimmt, haben Wissenschaftler der Quantenmechanik empirisch nachgewiesen. Quantenmechanische Systeme befinden sich bis zum Zeitpunkt der Messung in einem Zustand der als ‚Superposition' bezeichnet wird: Mehrere Zustände, wie z.B. beim Computer die Informationen 0 und 1, überlagern sich ohne sich gegenseitig zu behindern. Beide Zustände sind deshalb gleichermaßen gültig.

Sobald jedoch eine Messung stattfindet, also ein Beobachter anwesend ist, können nur exakte Zustandswerte erfasst werden. In unserem Beispiel mit dem Computer kann ein Wissenschaftler entweder 0 oder 1 messen – niemals beides. In der Fachsprache wird dieser Moment auch als Kollaps der Superposition bezeichnet.

Dieses Messproblem in der Quantenwelt wird noch einen Grad komplexer, wenn der Beobachter selbst beobachtet wird.

Der Physiker und Nobelpreisträger Eugene Wigner[3] hat 1961 folgendes Gedankenexperiment konzipiert, um die Komplexität der Quantenwelt zu veranschaulichen und eine generelle Objektivität infrage zu stellen.

Eine Münze wird von Wigner in die Luft geworfen. Stellen wir uns vor die Münze wäre dabei ein Quantensystem. Die Münze befindet sich nach dem Wurf solange in einem Zustand der Superposition von Kopf und Zahl, bis sie landet und Wigner nachschaut, auf welcher Seite sie gelandet ist. Für einen Freund von Wigner, der das Experiment beobachtet, aber nicht sieht auf welcher Seite die Münze landet, sind die Münze und Wigner selbst in einer Superposition. Jeder Münzwurf von Wigner führt zu einem eindeutigen Ergebnis, aber die Realität für den Freund ist eine völlig andere.

Dieses Gedankenexperiment wurde in 2019 von einem internationalen Team[4] von Wissenschaftlern mit der Hilfe eines Quantencomputers empirisch überprüft. Letztendlich stellten die Wissenschaftler fest, dass die Quantenmechanik unvereinbar mit der Annahme objektiver Fakten ist. Es zeigte sich also auch hier, auf der Ebene der kleinsten Bausteine des Lebens, dass es keine objektiven Fakten gibt.

Unser Gehirn ist eine Prognosemaschine

Die Realität, die wir wahrnehmen, beruht auf Vorhersagen, die unser Gehirn durch eingehende Signale unserer Sinne anstellt. Wenn wir geboren werden, wissen wir nichts von unserer Realität. Erst durch den permanenten Lernprozess von Zuordnungen zu unseren Eindrücken entstehen im Gehirn elektrische und chemische Abbildungen – sogenannte Muster. Das Gehirn versucht in jedem Moment alle unsere Sinneseindrücke mit den abgespeicherten Mustern im Gehirn zu vergleichen. Der Sehsinn hat dabei eine Vormachtstellung, denn die Hälfte des menschlichen Hirns ist für die Verarbeitung visueller Reize zuständig.

Unsere gesamte sinnliche Wahrnehmung ist streng wissenschaftlich betrachtet nur eine Interpretation aus allen elektromagnetischen Strahlungen, welche sich aus unterschiedlichen Wellenlängen zusammensetzt. Zudem registrieren wir nur einen winzigen Ausschnitt aus diesem elektromagnetischen Spektrum. Manche Tiere haben ein wesentlich größeres Erkennungsspektrum als der Mensch. So können z. B. Smaragdprachtbarsche[5] Strahlung im Nah-Infrarot-Bereich mit dem Auge wahrnehmen. Während beim Menschen der Hörbereich zwischen 20 und 20.000 Hz liegt, haben Fledermäuse ein Spektrum von 1.000 bis 120.000 Hz. Hunde können immerhin noch bis 50.000 Hz hören.

Diese Tiere interpretieren deshalb ihre Realität anders als wir. Sie sehen und hören Dinge, die wir nicht wahrnehmen und deshalb nicht Teil unserer Realität sind.

Entsprechend dieser Mustererkennung versucht unser Gehirn festzustellen, was in der Welt oder im eigenen Körper vorgeht, indem es ständig möglichst plausible Hypothesen über die Ursachen seiner sensorischen Eindrücke aufstellt und aktualisiert. Es kombiniert dabei frühere Erwartungen oder Überzeugungen über die Welt mit neu hinzukommenden sensorischen Informationen. Deshalb können wir einen Stuhl oder eine Tasse sofort wiedererkennen, nachdem die Assoziation einmal gelernt wurde.

Der Lernprozess der Assoziation funktioniert am besten, wenn es sich zu Beginn immer um die gleichen Gegenstände handelt. Aber sobald die Farbe oder das Material der Tasse geändert wird, ist die Wiedererkennung durch das Gehirn herausgefordert. Das abgespeicherte Muster im Gehirn wird nur zum Teil mit der neuen Information der Tasse erkannt. In diesem Fall gibt das Gehirn eine Prognose ab.

Wir sind uns gewiss, dass wir eine Tasse sehen, aber es handelt sich nur um eine Vermutung!

Meistens ist die Trefferquote extrem hoch. Das menschliche Gehirn hat ungefähr 100 Milliarden Nervenzellen[6]. Jede von ihnen ist durchschnittlich mit tausend anderen verbunden.

Die Erkennung von Reizen und die Verarbeitung aller Eindrücke erfolgt dabei bis zu 1000 mal pro Sekunde. Diese ‚Rechenpower' ist hauptsächlich der enormen Parallelverarbeitung zuzuschreiben. Supercomputer versuchen an diese gewaltige Rechenleistung heranzukommen, indem man tausende von Prozessoren parallel arbeiten lässt.

Unser Gehirn verarbeitet Informationen im Moment noch schneller als der leistungsfähigste Computer der Welt – der japanische Supercomputer Fugaku[7]. Diese Aussage bezieht sich allerdings nur auf die Funktion der extrem schnellen Mustererkennung. In speziellen Teilbereichen haben leistungsfähige Computer die Kapazität unseres Gehirns bereits überschritten.

Wie Sie vielleicht wissen, hat ein Schachcomputer bereits im April 1997 den damals führenden Schach-Weltmeister Kasparow besiegt. Das von Google und DeepMind[8] entwickelte AlphaGo-Programm hat im Oktober 2015 den mehrfachen Europameister im Go-Spiel Fan Hui entthront[9]. Da es deutlich mehr potenzielle Züge gibt als etwa beim Schach, gilt Go als viel größere Herausforderung für Computerprogramme.

Erinnern Sie sich noch an die Bücherreihe[10] ‚Das magische Auge'? Der arsEdition-Verlag hat in den 90er-Jahren mehrere Bücher herausgebracht, die Millionen Menschen in ihren Bann zogen.

Die Bücher enthielten eine Sammlung bunt gemusterter Bilder, die sich bei bestimmter Betrachtung in dreidimensionale Bilder verwandelten – auch Stereogramme genannt. Um die dreidimensionalen Bilder zu entdecken, muss das Gehirn eine Höchstleitung vollbringen. Oft dauert es bis zu einer Minute, bis das Gehirn das Objekt erkennt. Allerdings erkennt es daraufhin weitere Objekte innerhalb von Sekunden, oder sogar Sekundenbruchteilen.

Sicherlich ist es Ihnen schon einmal passiert, dass Sie etwas gesehen haben und beim näheren Betrachten stellte sich heraus, dass es etwas völlig anderes war. Auf einer Wanderung vor ein paar Wochen bin ich plötzlich stehen geblieben, weil ich ein Reh sah. Vorsichtig hab ich mich dem Tier genähert, um dann verblüfft festzustellen, dass es sich um eine große Baumwurzel handelte.

Das ist auch der Grund warum manche Menschen die Jungfrau Maria oder Jesus auf Ihrem Toastbrot sehen!

Ist unsere Wahrnehmung eine Selbsttäuschung?

Unsere Wahrnehmungen, und die im Gehirn abgespeicherten Muster werden ständig korrigiert, was zu einem unentwegt angepassten Weltbild führt. Diese Konstruktion unseres Weltbildes findet, wie Sie vielleicht schon ahnen, auch in der zwischenmenschlichen Kommunikation statt.

Sie ist geprägt von unseren sozialen Erfahrungen wie Erziehung, Umfeld, persönlicher Entwicklung und der Kultur.

Der Philosoph Paul Watzlawick beschreibt das mit einer einleuchtenden Geschichte. Ein Mann begibt sich mit seinem kleinen Sohn auf eine Reise. Er sitzt auf einem Esel, sein Sohn läuft nebenher. Unterwegs begegnet ihnen eine Menschengruppe. Sie sind erbost. Der kleine Sohn ist doch viel zu schwach für so einen langen Weg. Also steigt der Vater vom Esel herunter und lässt den Sohn aufsitzen. Schon kommt die nächste Gruppe und schimpft über den faulen Sohn, der seinen alten Vater laufen lässt. Da nimmt der Vater den Sohn hoch und sie reiten gemeinsam auf dem Esel. Die nächste Gruppe interpretiert das als schlimme Tierquälerei. Die Geschichte lässt sich nach Belieben mit weiteren Varianten und Reaktionen darauf fortsetzen.

Der naive Beobachter akzeptiert seine Sinneseindrücke, ohne sich darüber weiter Gedanken zu machen. Er glaubt, dass er auf direkte und unmittelbare Weise Objekte in seiner Umgebung wahrnimmt. Weil er glaubt, dass er diesen direkten Kontakt mit den Objekten hat, ist er von der Richtigkeit seiner Wahrnehmungen ‚überzeugt‘. Des Weiteren geht er davon aus, dass andere Beobachter die Situation genauso wahrnehmen wie er.

Was bedeutet das letztendlich? So wie es also keine absolute Wahrheit gibt, gibt es auch keine Objektivität. Wahr ist für uns, was wir wahrnehmen.

Die Wirklichkeit wird nicht gefunden, sondern erfunden. Daher beruht unsere Wahrnehmung letztendlich auf einer Art kontrollierter Halluzination.

Wie aus der Wahrnehmung unsere Überzeugungen entstehen

Unsere Wahrnehmungsprozesse ermöglichen es uns in einer sich ständig verändernden Welt Stabilität und Kontinuität zu finden. Durch die Wahrnehmung und ihre Einordnung können die Reize in einen größeren Zusammenhang gebracht werden, was uns wiederum hilft aus den unzähligen eingehenden Impulsen Sinn und Verhalten abzuleiten.

Ohne diese ständig automatisch ablaufenden Organisationsprozesse wären wir nicht in der Lage Objekte, Lebewesen, Ereignisse, Bewegungen sowie räumliche oder zeitliche Relationen zu registrieren. Wir würden in einer Welt bedeutungsloser, chaotisch ungeordneter Empfindungen leben.

„Unsere Wahrnehmung bildet das Fundament für alles, was wir denken, tun, glauben, wissen oder lieben". - Beau Lotto (Professor für Neurowissenschaften)

Das automatische Einordnen von Sinnesreizen ist einer der faszinierendsten Prozesse in unserem Gehirn. Sinnesreize werden in Clustern, also einer Ansammlung oder Gruppierung zugeordnet. Vergleichbar mit einem Etikett an einer Schublade wie z.B. Eisenwaren, in der sich Nägel, Schrauben, Klammern und Metallstifte befinden. Viele dieser Gruppierungen werden wiederum in einen größeren Zusammenhang gefasst. In unserem Beispiel könnten die Schubladen Teil eines Schrankes sein. Mehrere dieser Schränke stehen in einem Raum, und mehrere Räume ergeben eine Wohnung oder ein Gebäude.

Zudem gibt es Querverweise zwischen einzelnen Schubladen jeweils innerhalb und außerhalb ihres Ordnungsgefüges. Die Schublade ‚Eisenwaren' kann dadurch in Zusammenhang mit der Schublade ‚Schmerzen' gebracht werden. Stellen Sie sich einfach vor, Sie sind als Kind einmal beim barfuß gehen in einen Nagel getreten.

Nicht nur, dass die Sinneseindrücke und das Objekt miteinander kombiniert abgespeichert werden, auch die Erfahrung und der Versuch der zukünftigen Vermeidung des Schmerzes wird konstruiert und abgelegt. Das resultierende Programm könnte z. B. lauten: ‚barfuß laufen ist gefährlich'. An diesem einfachen Beispiel erkennen Sie wie Überzeugungen durch Erfahrung entstehen. Neben diesen direkten Erfahrungsprozessen gibt es Einflüsse aus unserer Erziehung, dem Bildungsweg, unserem Arbeitsumfeld, unseren sozialen Kontakten und natürlich den Medien.

Wie wir Überzeugungen von unserer Umwelt aufnehmen

V iele unserer prägenden Glaubenssätze haben sich bereits in
frühen Kindheitstagen gebildet. Wenn ich mich zurück an
meine Kindheit erinnere, dann fallen mir dazu zwei Aussagen meiner Eltern ein. Mein Vater sagte mir des Öfteren: ‚zuerst kommt die
Pflicht, dann das Vergnügen‘, wenn es um die Frage ging, ob ich zuerst spielen oder zuerst meine Hausaufgaben machen sollte. Von
meiner Mutter hörte ich mehrmals die Anweisung: ‚Du musst Dich
wehren – schlag einfach zurück‘, als ich Ihr von den Attacken meiner
Mitschüler berichtete. Beide Aussagen meiner Eltern könnte man als
Leitlinien oder Lebensregeln betrachten.

Vor allem als Kind, aber auch noch im Erwachsenenalter versuchen
wir unserem Leben einen Sinn zu geben. Frühzeitig fangen wir an,
angenehme und unangenehme Gefühle durch Überzeugungen zu
trennen. Was tue ich und was muss ich glauben, um glücklich zu
sein? Welche Einstellung und welche Verhaltensweise sind die besten
um Schmerz und Leid zu vermeiden? Kommen wir nicht schneller
in unserem Leben ans Ziel, wenn wir Glaubenssysteme und Überzeugungen von Menschen übernehmen, die bereits erfolgreich und
glücklich sind? Wozu warten, bis wir selbst alle Erfahrungen gemacht haben? Ist es nicht sinnvoll auf die Mutter zu hören, wenn sie
sagt: ‚Du darfst niemals auf die heiße Herdplatte fassen, weil Du
Dich sonst verbrennst‘?

Wenn wir als Kinder mit Eltern aufgewachsen sind, die unglücklich, ängstlich und pessimistisch waren, dann ist ein wesentlicher Teil von unserem Gehirn mit der Assoziation dieser Erfahrungen geprägt. Wenn wir erwachsen werden, neigen wir dazu, die emotionale Umgebung unserer Kindheit zu reproduzieren, indem unsere Überzeugungen genau das aus dem Leben filtern, was ihnen entspricht. Wir übersehen vielleicht deshalb viele glückliche und selbstsichere Menschen in unserer direkten Umgebung.

Wurden wir als Kind von unseren Eltern viel gelobt, geliebt und ermutigt, werden wir dieses Verhalten als Erwachsener fortsetzen. Wer jetzt denkt, er könnte die Schuld seines unglücklichen, oder nicht erfolgreichen Daseins auf die Eltern abwälzen, der macht sich die Sache zu leicht. Er hat nicht in Betracht gezogen, dass auch die Überzeugungen und Glaubenssysteme seiner Eltern aus Erfahrungen und Prägungen der Umwelt stammen. Könnte es sich hierbei nicht auch um die Überzeugung handeln, dass Ihre Eltern selbst an Problemen in Ihrem Leben schuld sind? Im Übrigen wäre dies eine hinderliche Überzeugung, die sie davon abhält, Verantwortung für Ihr Leben zu übernehmen!

Kennen Sie die Geschichte von den Zwillingsbrüdern, deren Vater Alkoholiker war? Der Vater hatte bereits mehrere Straftaten begangen, und verbrachte dafür mehrere Jahre im Gefängnis. Auch einer der beiden Brüder war Alkoholiker und kam schon etliche Male mit dem Gesetz in Konflikt.

Im Gegensatz dazu war sein Zwillingsbruder ein erfolgreicher Geschäftsmann, glücklich verheiratet und hatte zwei Kinder. In einer Studie über Zwillinge und den Einfluss ihrer Umgebung auf ihre Entwicklung wurden ihnen die Frage gestellt: ‚Woran liegt es, dass sie zu dem geworden sind, was sie sind?‘ Beide Zwillingsbrüder hatten die gleiche Antwort parat: ‚Was sollte schon aus mir werden, bei so einem Vater?‘

Was ist nun der Unterschied zwischen einer Überzeugung und einem Glaubenssystem? Wenn wir mehrere Überzeugungen systematisch zu einer Gruppe zusammenfügen, sprechen wir von einer Weltanschauung oder einem Glaubenssystem. Gruppen, Kulturen, Gesellschaften, wie auch Religionen beinhalten solche Glaubenssysteme, welche uns an eine Sammlung von Idealen und Prinzipien binden. Die meisten Meinungsverschiedenheiten und Konflikte, insbesondere in Religion, Philosophie und der Psychologie beruhen auf der Uneinigkeit von Sichtweisen oder Perspektiven.

Wie wirken sich Überzeugungen auf unser Leben aus?

Unsere Glaubenssysteme haben eine beträchtliche Auswirkung auf unser Leben. Sie sind oftmals ausschlaggebend dafür, ob wir gesund oder krank sind. Sie sind nicht selten entscheidend für Erfolg oder Misserfolg.

Des Weiteren haben sie enormen Einfluss auf unsere Beziehungen, und können im Extremfall zum Tod eines Partners oder eines anderen Menschen führen. Denken Sie beispielsweise an Eifersucht und die vielen Überzeugungen welche sich dahinter verbergen. Nebenbei bemerkt sind fast alle Kriege, die wir führen Glaubenskriege.

In einem Buch von Rupert Sheldrake[11], der sich unter anderem ausgiebig mit Überzeugungen beschäftigt hat, habe ich einmal folgende Geschichte gelesen: Ein Kind wuchs bei seiner Großmutter auf dem Land in England auf. Dort gab es einen Holzofen in der Küche, der als Abdeckung verschieden große Ringe hatte, um darauf Töpfe zu stellen. Das Mädchen war gewohnt, die heißen Ringe mit den Händen anzufassen, wenn es Wasser darauf erhitzte. Das ging so lange gut, bis dies eines Tages ihre Großmutter sah, und das Kind entsetzt anschrie: ‚Lass los, du verbrennst dich!‘. Seitdem glaubte das Kind, dass es die Ringe nicht mehr anfassen kann, ohne sich dabei zu verbrennen.

Sheldrake hat hunderte ähnliche solcher Ereignisse untersucht, und wurde nach der Veröffentlichung seines Buches vom Mainstream der Wissenschaftler verbannt.

Überzeugungen und Glaubenssysteme ‚erschaffen‘ unsere Realität, in dem sie selektiv unsere Erfahrungen auswählen, und diese zusätzlich unter einem oder mehreren Blickwinkeln erscheinen lassen. Meistens sind wir uns unserer Überzeugungen und Glaubenssysteme nicht bewusst.

Unser Gehirn hat sie im Laufe unseres Lebens erzeugt, und diese Prozesse laufen wie Subroutinen in einem Computerprogramm vollautomatisch in unserem Unterbewusstsein ab. Würden wir uns permanent sämtlicher Eindrücke, die auf uns einprasseln bewusst sein, wären wir heillos überfordert. Schon eine fünfminütige Fahrt mit dem Auto in der Stadt würde zum Nervenzusammenbruch oder Ohnmacht führen, wenn wir alle Eindrücke bewusst wahrnehmen würden.

Einige unserer Glaubenssätze benutzen wir tagtäglich in unserer Sprache. Sie zeigen sich in Wörtern wie zum Beispiel ‚müssen‘, ’sollen‘, ’nicht-können‘ und ’nicht-dürfen‘. Andere befinden sich im Hintergrund, und wir sind uns ihrer kaum bewusst. Die interessantesten von allen sind die unsichtbaren, welche sich als Wahrheiten oder Fakten verkleiden. Die Aussage: ‚So ist es‘ oder ‚Ich kann es beweisen‘ verrät solche transparente Überzeugungen. Diese führen zu einer hartnäckigen Realität, die mit allen Mitteln aufrechterhalten wird und häufig der Grund für enormes Leiden in unserer Welt ist.

Als Beispiel sei hier nur unser Umgang mit der Wissenschaft erwähnt. Auch die meisten kulturellen Regeln, sowie fast alle Religionen basieren auf einer Ansammlung von unsichtbaren Überzeugungen. Die Aussage: ‚Warum lässt Gott so viel Elend und Leiden in der Welt zu‘ fällt darunter.

„Wenn eine Überzeugung oft genug wiederholt wird, verbreitet sie sich und erhält des Status des Wissens. Als Wissen kann sie benutzt werden, um weitere Überzeugungen zu untermauern. Der Dschungel ist ein gefährlicher Ort. Warum? Der Tiger lebt dort. So entstehen Glaubenssysteme und Wissensgebäude.“ –
Harry Palmer (Entwickler des Avatar Kurses[12])

Fassen wir noch mal zusammen: Überzeugungen und Glaubenssätze sind Richtlinien und Regeln, nach denen wir leben und die auf Hypothesen unserer erfahrbaren Realität basieren. Sie unterstützen unsere Sicht der Dinge und als Folge auch unsere Handlungen. Aber, sie können auch genau das Gegenteil bewirken, indem sie unsere Denkweise und damit unsere Handlungen einschränken. Idealerweise haben wir Glaubenssätze, die mit unseren Werten und Zielen im Leben übereinstimmen. Falls das nicht der Fall ist, dann behindern sie uns an unserer Entwicklung und dem Erreichen unserer Ziele.

Eine kurze Geschichte verdeutlicht das vielleicht. Drei Steinmetze, die in einem Steinbruch arbeiteten, wurden hinsichtlich ihrer Arbeit befragt. Der erste Steinmetz äußerte sich: ‚Was glauben sie denn? Es ist eine harte Arbeit. Jeden Tag komme ich abends völlig erschöpft nach Hause. Die Bezahlung ist mies, und ich komme mit meinen zwei Kinder gerade über die Runden.‘ Der zweite Steinmetz sagte: ‚Im Grunde gefällt mir die Arbeit und ich kann gut davon leben, aber es ist nun mal jeden Tag das Gleiche.‘

Der dritte Steinmetz berichtete: ‚Ich bin überaus glücklich in diesem Steinbruch zu arbeiten. Die Arbeit erfüllt mich zu tiefst und ich sehe jeden Tag vor meinem geistigen Auge die prachtvollen und wunderschönen Kathedralen, welche aus diesen kostbaren Steinen gefertigt werden.'

Der Placeboeffekt

Der Einfluss von Überzeugungen hört nicht bei der Psyche auf, sondern hat auch enorme Auswirkungen auf unsere physische Ebene. Der Wirkstoff eines Placebos[13] ist der Glaube. Die ersten Experimente gingen noch davon aus, dass der Effekt nur dadurch zustande kam, dass der Proband das glaubte, was eine Person ihm direkt suggerierte. Aber bereits 1907 wurden die ersten Doppelblind-Studien durchgeführt, bei denen weder der Arzt noch die Patienten wussten, ob Placebo oder Verum (wirkstoffhaltiges Medikament) verabreicht wurden.

Es wurde festgestellt, dass alleine der Glaube an ein wirksames Medikament oder daran eine erfolgversprechende Behandlung zu bekommen, zu denselben biochemischen Änderungen im Körper und im Gehirn führt, wie die Verabreichung eines Medikamentes oder die Durchführung einer Operation. Im Gehirn werden dieselben Rezeptoren angesprochen wie bei der Einnahme eines tatsächlichen Schmerzmittels. Ein Placebo aktiviert in diesem Fall im Gehirn und im Körper dieselben biochemischen Prozesse wie ein Schmerzmittel.

Dieser Placeboeffekt wurde bereits vom Apotheker E. Coué[14] im 19. Jahrhundert angewendet. Er studierte Psychologie und befasste sich eingehend mit Hypnose. Aus seinen Erfahrungen entwickelte er die Lehre der bewussten Autosuggestion, die er 1925 in seinem Buch ‚Die Selbstbemeisterung durch bewusste Autosuggestion‘[15], herausbrachte. Sie beinhaltet zwei Grundgedanken:

- Jeder Gedanke in uns ist bestrebt, wirklich zu werden.
- Nicht unser Wille, sondern unsere Einbildungskraft, die Fähigkeit, sich etwas glauben zu machen, ist die bedeutsamste Eigenschaft in uns.

Er stellte fest, dass seine Patienten schneller gesund wurden, wenn er zusätzlich zum verabreichten Medikament zur Person sagte: ‚Da hat ihnen ihr Arzt ein sehr gutes Medikament verordnet. Das wird ihnen sicherlich helfen‘.

Bei negativen Erwartungshaltungen kommt es zum Nocebo-Effekt. Das Wort findet seinen Ursprung im Lateinischen und heißt wörtlich übersetzt ‚Ich werde schaden‘. Nocebo-Effekte sind nichts anderes als selbsterfüllende negative Prophezeiungen. Am deutlichsten wirkt der Nocebo-Effekt in Verbindung mit Ängsten vor eingebildeten Gefahren.

Kommen Ihnen diese Überzeugungen bekannt vor?

Im Folgenden finden Sie 20 weitverbreiteten Überzeugungen, die ich einer Liste von Byron Katie[16] entnommen habe. Lesen Sie die einzelnen Behauptungen bitte langsam, und achten Sie darauf, ob Sie eine oder sogar mehrere davon bei sich selbst oder bei einem Ihrer Freunde oder Bekannten entdecken. Es ist meistens einfacher diese bei Anderen als bei sich selbst zu erkennen!

- Ich muss hart arbeiten.

- Ich muss wissen, was ich tun soll.

- Es ist möglich, einen Fehler zu machen.

- Ich muss eine Entscheidung treffen.

- Es ist nicht genug Zeit.

- Das Leben hat einen Sinn.

- Die Leute sollten nicht lügen.

- Mein Körper sollte gesund sein.

- Ich habe nicht genug Geld.

- Ich brauche einen Partner um glücklich zu sein.

- Ich muss wissen, welchen Sinn das Leben hat.

- Ich muss es verstehen.

- Ich muss es richtig machen.

- Die Welt ist kein sicherer Ort.

- Die Menschen zerstören die Umwelt.

- Menschen sind das größte Kapital.

- Ich muss die Kontrolle haben.

- Ich bin verantwortlich für was auch immer mit mir passiert.

- Ich weiß, was für mich am besten ist.

- Ich habe Recht.

Wenn Sie noch tiefer einsteigen möchten, dann schauen Sie sich die Liste von über 200 Überzeugungen an, die Frank Obels[17] auf seiner Webseite gesammelt und dort veröffentlicht hat.

Überzeugungen und Glaubenssätze sind keine unumstößlichen in Stein gravierte Lebensregeln, sondern ändern sich im Laufe unseres Lebens, und können auch ,bewusst' und gezielt von uns selbst verändert werden. Dadurch können sie nützliche Instrumente für Heilung, das Erreichen von Zielen, Motivation und das Erforschen unseres Bewusstseins sein.

Glaubenssysteme und die Ebenen auf denen sie wirken

Überzeugungen und im speziellen Glaubenssysteme haben unterschiedliche Wirkungen, die vom Grad unseres Bewusstseins abhängig sind. Jemand, der niemals in seinem Leben etwas auf seine Gültigkeit oder seinen Wahrheitsgehalt hinterfragt hat, ist auf der Gefühlsebene leichter zu beeinflussen und manipulierbarer. Dieser Faktor wird von Politik, Werbung und Religionen bewusst eingesetzt, in dem Gefühle wie Angst, Sympathie oder Misstrauen erzeugt werden. Das könnte sich z.B. so anhören: Wenn Sie daran zweifeln, dass unsere Firma nur gute Produkte verkauft, dann brauchen Sie morgen hier nicht mehr zu erscheinen.

Glaubenssysteme auf dieser untersten Ebene appellieren an die Überzeugung, dass man sein eigenes Glaubenssystem nicht infrage stellt. Hat man sich zu einem Thema eine Meinung gebildet, dann bleibt man dabei, ansonsten zeugt es von Charakterschwäche und führt zu Unglaubwürdigkeit der eigenen Person. Das gleiche Prinzip wird verwendet, um seinen Standpunkt zu verteidigen, sollte dieser von anderen infrage gestellt werden. Falls die eigene Position angezweifelt wird, so stellt dies einen Akt des Angriffs dar. Der Betroffene ist mit seiner Anschauung identifiziert und fühlt sich persönlich herabgewürdigt. Selbst wenn er irgendwann erkennt, das er sich geirrt hat, kann er es für sich selbst nur regulieren in dem er sich beschämt abwendet.

Auf der nächsten Ebene befinden sich die meisten sozialen und kulturellen Glaubenssysteme, welche häufig mithilfe der Logik aufrechterhalten werden. Es werden Bedürfnisse, aber auch Unsicherheiten der Menschen angesprochen. Auch hier benutzt die Werbung geschickt ihre Methoden, um potenzielle Käuferschichten zu beeinflussen. Es ist die kollektive Übereinstimmung in der Gesellschaft, die statuiert was richtig und falsch ist.

Die meisten Regeln arbeiten unsichtbar im Hintergrund und werden nur selten hinterfragt.

Wir gehen in die Schule, absolvieren das Abitur, wir finden einen passenden Arbeitsplatz, wir heiraten und haben zwei Kinder, finanzieren über die Banken ein Eigenheim und legen uns einen Hund oder eine Katze zu. Etwas später bereiten wir uns auf den verdienten Lebensabend vor und wir haben hoffentlich ausreichend Geld auf die Seite geschafft, um später von der Rente gut leben zu können.

Werden diese Regeln angezweifelt oder sogar missachtet, verliert man schnell sein gesellschaftliches Ansehen. Nicht selten wird man als Außenseiter, Verschwörer oder im Extremfall auch als Terrorist bezeichnet. Auch Populisten machen sich dies zunutze, indem sie die Ängste der Bevölkerung, welche wiederum durch Überzeugungen entstanden sind, ausnutzen um ihre eigene Beliebtheit zu vergrößern.

Auf der nächsten Ebene finden wir die Anhänger von Fakten und Tatsachen. Sie glauben nicht, dass sie sich innerhalb eines Glaubenssystems befinden und argumentieren auf der Basis technologischer und wissenschaftlicher Beweisführung. Ihre Welt besteht hauptsächlich aus objektiven, belegbaren Tatsachen. Aus dieser Betrachtungsweise ist die Liebe eine Kombination aus biologischen und chemischen Prozessen! Menschen innerhalb dieser Ebene argumentieren sehr viel, und beharren darauf, dass die Dinge entweder richtig oder falsch sind.

Oft ziehen sie zur Argumentation Beweise aus der Vergangenheit heran, oder bestätigen Ihre Ansichten durch Verhaltensweisen anderer Menschen. Ein typischer Satz könnte z. B. lauten: ‚Er hat nie auf seine Gesundheit geachtet, kein Wunder, dass er ständig krank wird‘.

Auf der höchsten vom Menschen erreichbaren Ebene werden Überzeugungen und Glaubenssysteme bewusst entworfen, um gezielt Realitäten zu erschaffen und zu erleben. Durch das bewusste Erschaffen von Glaubenssystemen sind wir in der Lage, uns unseres unbegrenzten Ursprungs zu vergewissern. Wenn wir Glaubenssysteme bewusst erschaffen, sind wir uns auch bewusst, dass sie subjektiver Natur sind. Sie sind deshalb, wie bei einem Spiel, zeitlich begrenzt und außerdem schnell veränderbar. Auf dieser Ebene können völlig neue Spielregeln erschaffen werden, die friedlich kollektive Änderungen der gesamten Menschheit bewirken können.

Wenn eine Überzeugung bewusst erschaffen wurde, dann ist die Realität, die sie erschafft mit einem hohen Grad an spielerischem Erleben verbunden. Sie müssen sich nicht länger den Kopf darüber zerbrechen wie sie Fehler vermeiden, oder aus der Angst heraus Entscheidungen treffen. Jetzt können Sie sich die Frage stellen: ‚Was möchte ich erfahren, und welche Überzeugung eignet sich hierzu am besten? Es ist unmöglich auf dieser Ebene Opfer der Umstände zu sein. Menschen, die von dieser Ebene ihr Leben führen, achten und respektieren meistens die Überzeugungen und Glaubenssysteme anderer.

Was bestimmt den Grad meiner Überzeugung?

Wem glauben Sie eher: einem Artikel aus der Wochenzeitung ‚DIE ZEIT‘, dem Nachrichtensprecher des ZDF aus dem Fernsehen, Ihrem Nachbarn oder der Boulevardpresse? Glauben Sie sofort alles was Ihr Arzt sagt? Sind wissenschaftliche Experimente absolut glaubwürdig für Sie? Wie viel Wahrheitsgehalt schenken Sie einem Autoverkäufer oder einem Versicherungsvertreter?

Wie stark eine Überzeugung die Realität beeinflusst, hängt vom Grad der Glaubwürdigkeit ab. Umso mehr Sie glauben, dass die Quelle Ihrer Information die Wahrheit enthält, desto wahrscheinlicher ist es auch, dass die Information von Ihnen übernommen wird. Es gibt deswegen eine interne Skala der Glaubwürdigkeit einer Information, die für jeden von uns verschieden ist.

Erfahrungshintergrund

An erster Stelle steht zweifelsfrei die eigene Erfahrung. Wenn wir etwas selbst erfahren haben, dann brauchen wir keinerlei Überzeugungskraft von unserer Umwelt, um einen Sachverhalt als wahr anzunehmen.

Stellen Sie sich vor Sie haben noch nie in Ihrem Leben einen Apfel gegessen. Sie hören verschiedene Aussagen von Menschen, die bereits einen oder mehrerer Äpfel gegessen haben. Um das Beispiel einfach zu halten, gehen wir davon aus, dass alle Befragten den gleichen sozialen Status haben.

Aus der Anzahl der Meinungen bilden Sie eine Art Schnittmenge. Ihr Gehirn hat jetzt genug Daten um sich daraus eine Meinung zu bilden. Ihre Meinung beruht auf der Annahme, dass es wirklich so ist. Falls Sie keine Persönlichkeitsstörungen haben, dann werden sie sich dieser Meinung auch bewusst sein.

Wenn Sie gefragt werden, wie ein Apfel schmeckt, dann könnten Sie sagen: ‚Ich habe gehört er schmeckt saftig und süßlich, aber ich habe noch nie selbst einen Apfel gegessen‘. Der Wahrheitsgehalt der Aussage wird sich schlagartig in dem Moment ändern, wenn Sie selbst einen Apfel essen.

In diesem Moment wird dem Ereignis der größtmögliche Wahrheitsgehalt zugesprochen. Hier finden wir die Aussagen wie: ‚Ich habe es mit eigenen Augen gesehen‘, oder ‚Ich habe es selbst erlebt oder erfahren‘.

Um den Wahrheitsgehalt dieser Erfahrung infrage zu stellen, braucht es ein Überzeugungssystem, das auf einer höheren Ebene liegt, als derjenigen die Sie gerade erfahren. Ein oder mehrere Ärzte könnten z.B. bei einem Patienten einen Hirntumor feststellen, welcher die komplette Sinneswahrnehmung beeinträchtigt. Laut Aussagen von Ärzten unterscheiden sich die Sinneswahrnehmungen nicht mehr von psychotischen Halluzinationen.

Wenn der Patient diese ‚Diagnose‘ glaubt, dann beeinflusst es fortan alles, was der Patient erfährt. Er wird sich niemals mehr sicher sein, ob er sich auf seine Wahrnehmung verlassen kann. In diesem Fall wird der medizinischen Diagnose mehr Glauben geschenkt als der eigenen Wahrnehmung. Neurologen und Psychiater ‚kennen‘ dutzende von Wahrnehmungsstörungen, die entweder ihren Ursprung in der Psyche oder im Gehirn haben.

Ohne die eigene Erfahrung bleibt das Wissen über den Geschmack eines Apfels eine Information, die Sie zu einem gewissen Grad glauben. Dieser Glaube hängt von verschiedenen Faktoren ab. In die Kategorie der persönlichen Erfahrungen fallen selbstverständlich alle Erlebnisse, die wir als Säuglinge, Kinder und Jugendliche gemacht haben. Sämtliche Erziehungsmaßnahmen hinterlassen ihre Spuren.

Das Verhältnis der Eltern zueinander und zum Kind ist prägend. Jegliches soziales Fehlverhalten wie Liebesentzug, Drogenkonsum, Gewalt und Missbrauch setzen sich langfristig als Erfahrungs- und Verhaltensmuster im Gehirn fest.

Quantität

Sie kennen sicherlich folgende Aussagen: Das, was die meisten Leute glauben stimmt. Man muss nur eine ausreichende Anzahl an Menschen befragen, dann bekommt man ein gutes Mittelmaß der Wahrheit. Die Wissenschaft bezeichnet dies als empirische Forschung. Eine Überzeugung verfestigt sich im Gehirn je öfter sie als Wahrheit interpretiert wird, und hat dadurch größeren Einfluss auf Ihre Entscheidungen.

Machen Sie hierzu folgendes Gedankenexperiment. Sie haben heute Früh in der Zeitung gelesen, dass es 1.200 neue Corona-Infizierte gibt. Sie gehen zur Arbeit und treffen auf einige Ihrer Arbeitskollegen, welche Ihnen mitteilen, dass Ihre Zahl falsch ist und es 13.500 sind. Wie viele Arbeitskollegen braucht es, damit Sie ins Zweifeln kommen, und wie viele braucht es, um Sie umzustimmen?

Sozialer Status

Auch diese Aussage wird Ihnen geläufig sein: Wenn der Arzt es sagt, dann stimmt es auch. Der soziale Status[18] bezeichnet eine Position innerhalb einer sozialen Struktur oder die Zuordnung der Position zu einem System sozialer Rangordnung.

Aufgrund eines erlernten Berufes, wie z.B. Arzt, haben diese Personen ein Wissen, das bei anderen überzeugend wirkt. Dies beruht auf der Annahme, dass der Beruf Wissen und Erfahrungen mit sich bringt.

Der Hochschulprofessor belegt in der Rangfolge der sozialen Anerkennung den Spitzenplatz[19], gefolgt vom Richteramt, der Polizei und den Ärzten. Auf der untersten[20] Ebene finden wir Bankangestellte, Politiker, Mitarbeiter von Werbeagenturen, und das Schlusslicht bilden Versicherungsvertreter.

Wie niedrig der soziale Status mittlerweile bei Bankangestellten ist, hat selbst mich überrascht. Durch die vielen Skandale und die andauernde Manipulation unseres Geldsystems haben Banker Ihren einst erlauchten Status verloren. Vor ein paar Wochen lief ich an einer Filiale der Commerzbank vorbei, und ein Werbeplakat erhaschte meine Aufmerksamkeit. Der Titel lautete: ‚Schock Deine Freunde: Werde Banker‘. Der Statusverlust ist offensichtlich auch schon bei den Führungskräften der Banken angekommen.

Eigener Bildungsstatus

Hier finden wir wieder die vier verschiedenen Ebenen von Glaubenssystemen. Angefangen von der untersten Ebene der emotionalen Instabilität, danach das was gesellschaftlich anerkannt und als kollektive Regeln aufgestellt wurde.

Dem folgt die Ebene der logischen und wissenschaftlichen Anschauungen, und auf der höchsten Ebene die Erkenntnis, dass Überzeugungen meine Realität erschaffen und Überzeugungen bewusst geändert oder erschaffen werden können.

Verknüpfungen

Jeder dieser Faktoren kann wiederum mit anderen Faktoren verkettet sein. Diese basieren entweder auf logischen Schlussfolgerungen, oder Hierarchien. Die Verkettung bei einem Arzt ist vielleicht die folgende: Er trägt einen weißen Mantel. Mit dem weißen Mantel des Arztes wird sein absolviertes Studium assoziiert – eines der schwierigsten neben dem Jurastudium. Ein weiterer Assoziationspunkt ist die wissenschaftliche Basis des Studiums, was einen sehr hohen Stellenwert in unserer Gesellschaft hat.

Ich kann mich noch gut an meine Lehre als Feingeräteelektroniker bei Siemens erinnern. In meinem ersten Lehrjahr gab es graue Arbeitsmäntel und ich blickte mit etwas Neid, aber auch mit Respekt auf die Blaumäntel der Lehrlinge die bereits im zweiten und dritten Jahr waren. Nach dem dritten Lehrjahr konnte ich es kaum erwarten in die Gilde der Facharbeiter aufgenommen zu werden, und mit einem weißen Mantel den Ausdruck des ‚vollendeten' Wissens auszustrahlen.

Der Pyramideneffekt – Die Hierarchie von Überzeugungen

Neben der Verkettung von Glaubenssystemen gibt es auch noch die hierarchische Wirkung. Stellen Sie sich vor Sie tragen mehrere Brillen mit verschiedenen Farbfiltern übereinander. Eine Art Linsensystem, wobei sich jede Linse in ihrer Wirkung zu den anderen addiert. Jede Linse subjektiviert Ihre Wahrnehmung.

Wenn Sie zum Beispiel vom wissenschaftlichen Weltbild überzeugt sind, dann werden Sie immer nach Fakten suchen, um eine Entscheidung zu treffen. Sie werden niemandem glauben, der Ihnen nicht Beweise für seine Argumente vorzeigt. Menschen mit einem streng wissenschaftlichen Weltbild fällt es schwer an Dinge zu glauben, die sich nicht beweisen lassen. Der Bereich der Spiritualität wird deshalb vielleicht komplett ausgegrenzt und hindert den einzelnen daran, eine erweiterte Sichtweise des Lebens zu bekommen. Er hat seinen Fokus ständig auf Fakten und versucht sich und seine Umwelt zu kontrollieren.

Auf der entgegengesetzten Seite könnten sich Menschen ansiedeln, die von Ihrem Glauben so überzeugt sind, dass sie statistische Ergebnisse komplett ignorieren. Darunter können sich extreme esoterische Überzeugungen befinden, die zu einer Weltflucht führen können und dem einzelnen seine Entscheidungskraft berauben. Denken wir nur an die Überzeugung, dass eine Eliteeinheit von etwa 100 Menschen alles auf unserem Planeten kontrolliert.

Im Extremfall sind das Außerirdische, die uns so lange beherrschen, bis wir endlich ‚vernünftig‘ geworden sind. Diese Sichtweisen können uns hindern, mit unseren Sinnen in der Welt zu sein. Es kann eine Flucht sein, weil man schmerzliche Erfahrungen gemacht hat, und diese in Zukunft vermeiden will. Nicht zuletzt versucht das Ego sich immer über das besondere auszudrücken.

Im Laufe seines Lebens wird jeder von uns tiefgreifende Überzeugungen entwickeln. Er wird entweder glauben, dass er das alleinige Zentrum seiner Entscheidungskraft ist, und damit sein Leben lenkt, oder er glaubt, dass unser Leben mit einer höheren Macht oder Intelligenz in Verbindung steht. Die einfache Frage: ‚Glauben Sie an Gott?‘ zielt ins Zentrum dieses Überzeugungssystems und bringt – bei genauer Betrachtung – eine weitere Palette von assoziierten Überzeugungen ans Tageslicht:

- Ist es ein Gott, der für alles auf der Welt verantwortlich ist?

- Ist es ein Gott, der menschliche Attribute verkörpert?

- Steht der Begriff Gott als eine Form von Intelligenz?

- Ist Gott der Ursprung allen Lebens?

- Der Glaube an Gott hält mich davon ab Verantwortung zu tragen

- Der Glaube an Gott ist Opium für das Volk

- Wer an Gott glaubt, ist schwach im Geiste

- Was war vor dem Urknall und der Entstehung des Universums?

- Ist das Leben nur zufällig entstanden?
- Warum gibt es überhaupt etwas? Raum, Zeit usw.
- Bestimmt unsere DNA unser Leben?

Der Glaube, ob es eine Schöpfung gibt oder nicht, hat eine beachtliche Anzahl von Folgewirkungen in Ihrem Leben. Sie bestimmt eine Grundhaltung und beeinflusst damit fast alle anderen Entscheidungen, von denen Sie glauben, sie völlig unabhängig getroffen zu haben.

Nehmen wir das Beispiel eines Jobinterviews. Wenn ich glaube, dass außer mir selbst niemand Einfluss auf das Ergebnis hat, dann werde ich mich strikt an die gängigen Normen und Regeln halten. Ich werde aus meiner Trickkiste der Rhetorik die besten Argumente vorlegen, um mein Gegenüber zu überzeugen. Ich werde alles in meiner Macht Stehende tun, um andere Mitbewerber zu übertrumpfen.

Falls ich aber glaube, dass es eine höhere Macht gibt als meine eigene, oder eine höhere Intelligenz die selbstorganisierend und selbstregulierend ist, dann ist meine Handlung mit Sicherheit eine andere. Vielleicht werde ich meine Persönlichkeit in den Mittelpunkt stellen und so natürlich wie möglich auftreten. Vielleicht werde ich, anstatt nur über meine Stärken, auch über das sprechen, was ich nicht gut kann. Falls ich den Job nicht bekomme, werde ich mich nicht gleich als Versager sehen, sondern davon ausgehen, dass die für mich am besten passende Arbeitsstelle noch aussteht.

Es wird endlose Situationen in Ihrem Leben geben, bei denen nur eine einzige Überzeugung alle Aspekte Ihrer Entscheidung und Ihres ‚freien Willen' beeinflusst. Je höher sie in der Pyramide angeordnet sind, desto mehr Lebensbereiche werden sie beeinflussen. Diese Pyramide ist vergleichbar mit den Bedürfnisstufen, die der amerikanische Psychologe Abraham Maslow[21] entwickelt hat.

Jeweils ein Beispiel einer Überzeugung für jeden der fünf Bereiche:

Überleben
Ich muss mich vegan ernähren, sonst werde ich krank.

Sicherheit
Es braucht strengere Gesetze, um den Drogenkonsum zu reduzieren.

Beziehungen
Ohne einen Partner kann ich nicht leben.

Selbstbestätigung
Ich bin es nicht wert gelobt zu werden.

Selbstverwirklichung
Ich bin mir meiner Fähigkeiten bewusst und setze sie gezielt ein.

Überzeugungen sind wie Schichten einer Zwiebel angeordnet. Durch den bewussten Erfahrungsprozess und die schichtweise Auflösung einzelner Überzeugungen gewinnen wir die Fähigkeit zurück, alle grundlegenden Überzeugungen zu erfahren, welche unsere gesamte Wahrnehmung erschaffen hat. Überzeugungen tauchen in dieser Reihenfolge[22] auf:

- Überzeugungen, welche die Umstände unseres Lebens erschaffen
- Überzeugungen von Bedürfnissen und Verpflichtungen
- Überzeugungen von Verantwortung und Inbesitznahme
- Überzeugungen, die Identitäten schaffen
- Überzeugungen, die Zeit entstehen lassen
- Überzeugungen, welche die Natur der Materie definieren
- Überzeugungen, welche die Verhaltensweise von Energie definieren
- Überzeugungen, die Raum entstehen lassen

Warum identifizieren wir uns mit unseren Überzeugungen?

Unsere Persönlichkeit und Identität wird dadurch geprägt, womit wir uns identifizieren, also durch ‚Assoziation' und durch das wovon wir uns abgrenzen, also durch ‚Dissoziation'. Unsere Aufmerksamkeit ist die meiste Zeit damit beschäftigt diese ‚Assoziationen' zu bilden, abzufragen oder zu verfestigen.

Dies funktioniert ähnlich einer Suchmaschine im Internet. Wenn wir etwas erleben oder erfahren, dann wird dieses Ereignis wie eine Frage in die Suchmaschine eingegeben: Was ist das? Unser Gehirn macht sich unverzüglich auf die Suche nach abgespeicherten Daten, sie zum Erlebten am besten passen. Die Antwort kommt – wie auch das Ergebnis der Suchanfrage – meistens blitzschnell ins Bewusstsein. Danach wissen wir was es ist, und wie es in Bezug zu unserer übergeordneten Realität steht.

Dieser Prozess läuft tausende Male pro Sekunde, 24 Stunden am Tag und sieben Tage die Woche. Selbst im Schlaf werden Erfahrungen verarbeitet, und manchmal als Träume wahrgenommen.

In den seltensten Fällen bleibt unsere Aufmerksamkeit bei der sinnlichen Erfahrung selbst – also im jetzigen Augenblick. Für die meisten Menschen gibt es nur wenige Momente im Leben, in denen der Verstand still ist – z.B. beim Sex, oder im Vergnügungspark in der Fahrt mit der Geisterbahn.

Hier ist ein Beispiel für das Ausklammern der sinnlichen Erfahrung. Sie gehen mit jemanden in der Natur spazieren, und die Person nennt zu jeder Blume den dazugehörigen lateinischen Namen? Die Person könnte wahrscheinlich auch noch genau erklären, warum eine Blume hier und nicht dort wächst, und warum einige Gräser hier gar nicht zu finden sind.

Da wir alle von der Wahrheit weit entfernt sind – die Wahrheit wer wir wirklich sind – identifizieren wir uns nur mit Bruchstücken einer selbsterschaffenen Realität. Deswegen suchen wir nach Gleichgesinnten, Gruppen und Organisationen, mit denen wir unsere Meinung teilen. Umso mehr Menschen meiner Meinung sind, umso stärker ist mein Selbstwertgefühl. Was natürlich eine Illusion ist, denn was wir in Wirklichkeit sind, hat nichts mit Meinungen oder Überzeugungen zu tun.

Soziale Konformität ist oft das Resultat eines Mangels an wirklichem Selbstwertgefühl. Zum Beispiel bei Teenagern, die ihre individuelle Persönlichkeit durch die Löcher in ihrer Jeans ausdrücken, um dann letztendlich genauso auszusehen wie alle ihre Freunde, welche die gleiche Jeans tragen. Mangelndes Selbstwertgefühl ist auch ein Grund dafür, warum wir den Medien so viel Macht zuschreiben. Die Medien determinieren heute zu einem großen Teil was wahr oder falsch ist, und bestimmen somit was wir glauben oder nicht glauben.

Außerdem ist die Menge an verfügbaren und auf uns einprasselnden Informationen explodiert. Noch vor einem Jahrhundert beinhalteten die Schlagzeilen größtenteils nur lokale Ereignisse. Heute erhalten wir aufgrund des global vernetzten Internets innerhalb Sekundenbruchteilen Informationen aus allen noch so abgelegenen Gebieten der Welt.

Dazu addieren sich Milliarden von Tweets und Facebook-Posts. Fast alle davon sind für unser Leben völlig irrelevant, werden aber von unserem Unterbewusstsein aufgenommen.

Die Wahrheit liegt woanders als wir glauben

Es gibt keine objektive Wahrheit. Alles, was wir sagen, sagen wir als subjektiver Beobachter, und als Beobachter sind wir abhängig von der Funktionsweise unserer Sinnesorgane. Wir sehen, wir hören, wir riechen, wir schmecken, wir fühlen. Unser Gehirn verarbeitet diese Reize, und konstruiert daraus, das was wir Wirklichkeit nennen. Dass es nicht die Wirklichkeit ist, merken Sie z. B. daran, dass es im besten Fall immer einen gibt, der dem widerspricht.

„Ob Sie glauben, Sie können es, oder ob Sie glauben, Sie können es nicht, Sie werden auf jeden Fall Recht behalten." - Henry Ford

Alle Überzeugungen und Glaubenssysteme lassen sich auch unter dem Begriff des Egos (das Ich) zusammenfassen. Das Ego ist nichts anderes als eine Ansammlung von abgespeicherten Regeln, Meinungen, Ansichten, Standpunkten, Sichtweisen und Konzepten.

Bis auf sehr wenige Ausnahmen ist unsere Aufmerksamkeit immer auf einer dieser Programme gerichtet.

Alle diese Programme entwickelten sich durch Erlebnisse aus der Vergangenheit. Unsere Aufmerksamkeit ist deshalb entweder in der Vergangenheit oder in der Zukunft, aber nur selten im Jetzt – im Erleben selbst. Entweder wir schauen nach, was bereits passiert ist, oder leiten daraus ab, was passieren könnte.

Wer oder was sind Sie, wenn Sie alle Überzeugungen beiseite räumen könnten? Einen so weiten Sprung braucht es aber gar nicht. Eine Erkenntnis haben Sie bereits in dem Moment, indem Sie eine Überzeugung erkennen. Im Augenblick ihrer Entdeckung trennen Sie sich von der Überzeugung. Es gibt einen Beobachter, der die Überzeugung erkennt. Hier beginnt wahre Freiheit und ein Moment der Ahnung, wer Sie wirklich sind.

Dieser Moment der ‚Dissoziation‘ führt Sie in die Richtung ihres wahren Selbst. Es ist die einzige Wahrheit, die Sie mit allen anderen teilen. Sie lässt sich nicht in Worte fassen, da auch unsere Sprache nur auf einem Konzept beruht. Diese Wahrheit existiert in jedem Menschen, und wer sie bei sich selbst erkennt, der kann sie auch in allen anderen erkennen. In diesem Punkt sind wir alle eins – ein Selbst.

Nachwort

Das Erschaffen jeglicher Realität, auch als Kreation oder Schöpfung bezeichnet, beginnt immer mit einer ursprünglichen Überzeugung. Wird diese Realität danach bewusst vom Erschaffer erfahren, hat sie ihren Zweck erfüllt und löst sich wieder auf. Es ist dies der Kreislauf der Schöpfung. Die Zeit beschreibt die Dauer zwischen dem Beginn der ursprünglichen Überzeugung und dem Erleben der Erfahrung.

Da unser Selbst die Verbindung zwischen uns allen ist, bedeutet dies auch, dass jegliche Realität von diesem gemeinsamen Selbst erschaffen ist – ob wir uns dessen bewusst sind oder nicht. Bewusst erschaffene Realitäten bereiten uns selten Schwierigkeiten, da wir uns erinnern, wer sie erschaffen hat – damit entsteht Verantwortung. Eine Realität, deren Ursprung wir nicht als von uns erschaffen ansehen, können wir oft nur schwer annehmen.

Wenn Sie sich gegen eine Realität oder Erfahrung verweigern, wird diese so lange bestehen bis sie komplett erfahren ist. Deswegen ist der einzige und auch schnellste Weg ein Problem oder ein Leiden im

Leben zu überwinden, die Akzeptanz und die komplette Hingabe in die Erfahrung.

Denken Sie einmal über die folgende Frage nach: ‚Werden meine Überzeugungen durch meine Erfahrungen geprägt, oder erfahre ich meine Überzeugungen?‘.

Gratis Hörbuch

Wussten Sie, dass Einsteins wichtigste Entdeckung nicht die Relativitätstheorie war? Erfahren Sie sein erstaunliches Geheimnis und damit den Schlüssel für Freiheit und Erfüllung in Ihrem Leben. Holen Sie sich jetzt das kostenloses Hörbuch!

Bitte diese Webseite notieren und in Ihrem bevorzugten Webbrowser eingeben:

thomasherold.com/audiobuch-geschenk

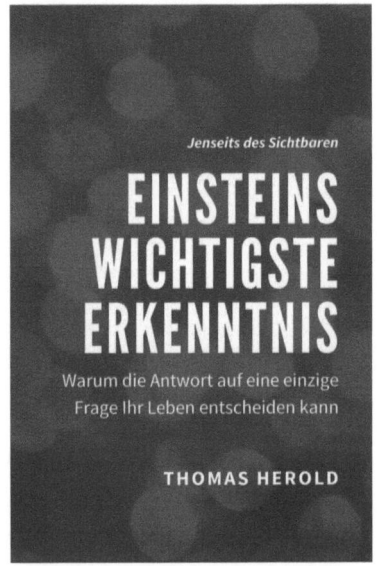

Diese Antwort – ob bewusst oder unbewusst getroffen – beeinflusst alle Aspekte Ihres Lebens! Sie prägt das allgemeine Lebensgefühl und Ihre Grundhaltung zum Leben selbst.

Würde ich Ihnen jetzt unmittelbar diese elementare Frage auf dem silbernen Tablett präsentieren, dann wäre das etwa so, als ob ich Ihnen nur die letzte Seite eines überaus spannenden Romans zu lesen gäbe. Stellen Sie sich vor, Sie sehen nur die letzten fünf Minuten eines spannenden Krimis. Sie werden keinerlei Bezug zum Film haben. Der tiefere Sinn, die Zusammenhänge, und der emotionale ‚Spaßfaktor' bleiben auf der Strecke.

In diesem Buch werden Sie Einsteins wichtigste Entdeckung erfahren. Eine Entdeckung die für Jahrzehnte verborgen blieb und es vor kurzer Zeit veröffentlicht wurde.

Einsteins wichtigste Erkenntnis ist die Grundlage, aus der sich Ihr Lebensziel ergibt:

- Ein Ziel, das niemals mit einem anderen Ziel in Konflikt steht
- Ein Ziel, das Sie Ihr Leben lang begleitet
- Ein Ziel, das Sie motiviert ohne sich motivieren zu müssen
- Ein Ziel, das Ihnen Sicherheit und Vertrauen schenkt
- Ein Ziel, das Sie niemals vergessen werden
- Ein Ziel, das Sie mit anderen Menschen auf tiefster Ebene verbindet
- Ein Ziel, das eine dauerhafte Quelle für Inspiration und Freude ist

Wie finde ich mein Ziel im Leben am besten heraus?

Erfolgreiche Ziele, und solche die auch die meiste innere Zufriedenheit mit sich bringen, sind Ziele die über Ihre Person hinausgehen. Je mehr das Ziel andere mit einschließt, und je mehr das Ziel anderen dient, desto erfüllter werden Sie sein.

Anstatt Sie also mit endlosen Zielvariationen und Zielsystemen zu konfrontieren, möchte ich Sie auf eine Reise mitnehmen, an deren Ende Sie genau wissen, was das wichtigste Ziel (Entscheidung) in Ihrem Leben ist.

Erhältlich bei Amazon als E-Buch, Taschenbuch und Hörbuch.

Moderne Geldschöpfung

Geld aus dem Nichts und der Zinstrick der Zentralbanken

Fragen Sie sich gelegentlich auch warum alles ständig teurer wird? Warum Wohnraum in den letzten Jahren unbezahlbar geworden ist, und weshalb Ihr Geld auf der Bank täglich weniger wird?

Schafft Geld Wohlstand?

Seit der Corona-Krise laufen die Druckpressen aller Zentralbanken heiß. Es wird weltweit mehr Geld gedruckt als je zuvor, und das weltweite Finanzsystem steht vor der größten Herausforderung seiner Geschichte. Der Finanzcrash 2008 war bereits ein Indikator für die kommende Endphase.

Wenn Banken zusätzliches Geld drucken, ohne das mehr Waren und Dienstleistungen zur Verfügung stehen, dann wird das gesamte Geld auf dem aktuellen Markt abgewertet. Es bedeutet, dass Sie plötzlich weniger kaufen können, selbst wenn der Euroschein in Ihrer Hand denselben Wert zeigt.

Dieser Prozess wird Inflation genannt, und ist das Hauptinstrument der Banken, um Geld aus dem Nichts zu verdienen. Es ist außerdem die wirksamste und auch hinterlistigste Art Ihr Geld zu entwerten, und nichts anderes als Betrug.

Wie entsteht modernes Geld?

Die Geldschöpfung im 21. Jahrhundert ist mittlerweile äußerst komplex geworden, und Sie werden nur mit erheblichem Zeitaufwand und größter Anstrengung durchschauen, wie sie im Detail funktioniert.

Wäre es einfach zu durchschauen, dann würde das Vertrauen in unser modernes Geld noch schneller als bisher schwinden, und ein globaler Aufstand gegen das bestehende Geldsystem würde sich beschleunigen.

Wie moderne Geldschöpfung genau funktioniert, und weshalb wir vor der größten Revolution in der Geschichte des Geldes stehen, erfahren Sie in diesem Buch.

Erhältlich bei Amazon als E-Buch, Taschenbuch und Hörbuch.

Zeitenwende 2020

Prognose und Wegweiser zum Aufbruch in ein neues Zeitalter

Spätestens Ende April 2020 muss jedem klar gewesen sein, dass wir in einer außerordentlichen Krise stecken. Covid-19 diente dabei als Brandbeschleuniger für die Wirtschaft, und hat eine weltweite wirtschaftliche Brandrodung, die schon Jahre zuvor loderte, in Gang gebracht.

Was vielleicht nur wenige in 2020 sehen können, ist das Ausmaß dieser Krise.

Was ist eine Zeitenwende?

Eine Zeitenwende stellt einen Umbruch im historischen Geschehen dar. Um kollektive Veränderungen besser zu verstehen und damit umzugehen, hat der Mensch schon seit jeher verschiedene Methoden der Prognostik benutzt.

Prognostik bedeutet, dass wir uns Mittel und Instrumente bedienen, welche zeitlich wiederkehrende Zusammenhänge aufzeigen und verdeutlichen. Wir können uns damit auf kommende Veränderungen besser einstellen und Fehlverhalten vermeiden.

Welche Veränderungen kommen?

In diesem Buch werden Sie aufschlussreiche Einblicke in den Bereich der Prognostik erfahren. Sie werden dadurch weitaus besser verstehen, weshalb bis ins Jahr 2025 massive globale Veränderungen auf uns zukommen werden. Diese Neugestaltung wird soziale, wirtschaftliche und auch die politische Ebene betreffen.

Erhältlich bei Amazon als E-Buch, Taschenbuch und Hörbuch.

Anmerkungen

[1] https://de.statista.com/statistik/daten/studie/165834/umfrage/taegliche-nutzungs-dauer-von-medien-in-deutschland/

[2] https://explorable.com/falsifiability

[3] https://de.wikipedia.org/wiki/Eugene_Paul_Wigner

[4] https://advances.sciencemag.org/content/5/9/eaaw9832

[5] https://www.faz.net/aktuell/wissen/natur/erster-nachweis-bei-tieren-infrarot-beim-beutefang-12011232.html

[6] https://www.neurologen-und-psychiater-im-netz.org/neurologie/news-archiv/mel-dung/article/geschwindigkeitsrekord-im-gehirn/

[7] https://futurezone.at/science/das-ist-der-schnellste-supercomputer-der-welt/400948403

[8] https://deepmind.com/

[9] https://www.welt.de/wissenschaft/article151569809/Meilenstein-Computer-schlaegt-Champion-im-Spiel-Go.html

[10] https://www.watson.ch/quiz/retro/657217062-erinnerst-du-dich-ans-magische-auge-beweise-dass-du-s-noch-immer-drauf-hast

[11] https://www.sheldrake.org/deutsch

[12] https://avatarminicourses.com/de/life-alignment-ger.html

[13] https://www.palverlag.de/lebenshilfe-abc/placebo.html

[14] https://de.wikipedia.org/wiki/%C3%89mile_Cou%C3%A9

[15] https://www.amazon.de/Die-Selbstbemeisterung-durch-bewusste-Autosuggestion/dp/3796506356

[16] https://thework.com/wp-content/uploads/2018/02/universalbeliefs_german_03Au-g2011_A4.pdf

[17] https://kristallbewusstsein.de/bewusstsein-wissen-grundlagen/negative-ueberzeugungen-glaubenssaetze/

[18] https://lexikon.stangl.eu/16270/sozialer-status/

[19] https://www.capital.de/karriere/das-sind-die-angesehensten-berufe

[20] https://www.merkur.de/leben/karriere/sind-jobs-geringsten-ansehen-deutschland-zr-12992907.html

[21] https://de.wikipedia.org/wiki/Maslowsche_Bed%C3%BCrfnishierarchie

[22] https://www.amazon.de/Avatar-Die-Kunst-befreit-leben/dp/3933496195